Impressum
Verlag: BABADADA GmbH, Nedderfeld 112 , 22529 Hamburg
Geschäftsführer / Verlagsleitung: Harald Hof
Druck: Books on Demand GmbH, In de Tarpen 42, 22848 Norderstedt

Imprint
Publisher: BABADADA GmbH, Nedderfeld 112 , 22529 Hamburg, Germany
Managing Director / Publishing direction: Harald Hof
Print: Books on Demand GmbH, In de Tarpen 42, 22848 Norderstedt, Germany

iskola
школа

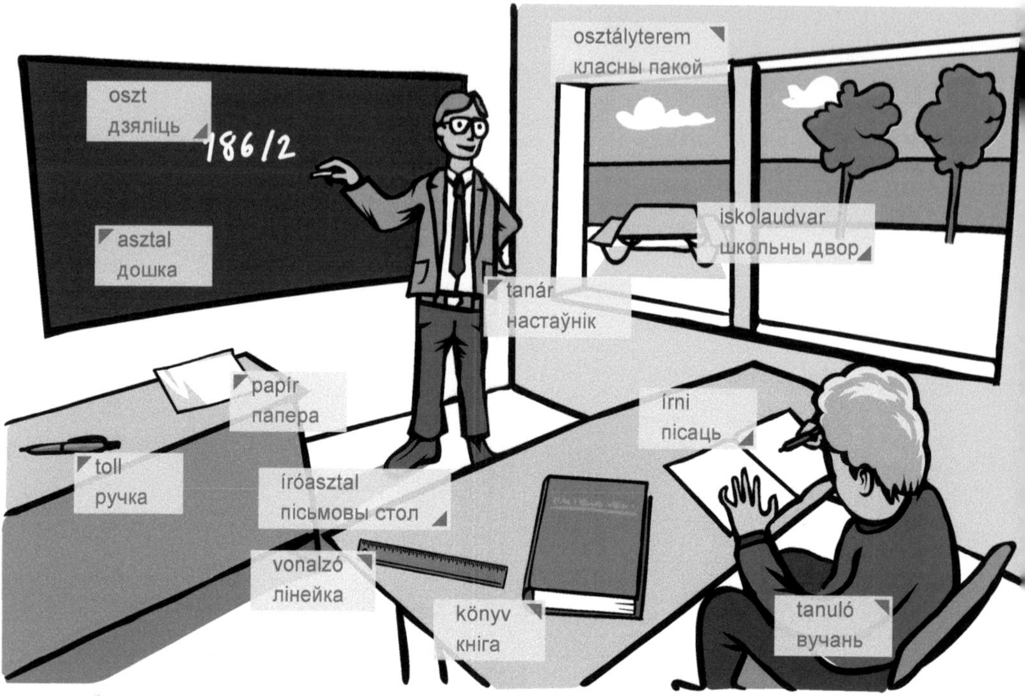
osztályterem
класны пакой
oszt
дзяліць
186/2
asztal
дошка
iskolaudvar
школьны двор
tanár
настаўнік
papír
папера
írni
пісаць
toll
ручка
íróasztal
пісьмовы стол
vonalzó
лінейка
könyv
кніга
tanuló
вучань

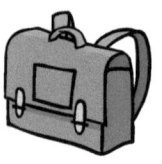

iskolatáska

ранец

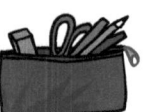

tolltartó

пенал

ceruza

просты аловак

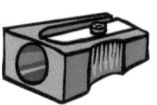

ceruzahegyező

тачылка для алоўкаў

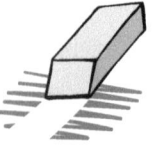

radír

гумка

rajzfüzet

альбом для малявання

rajz

малюнак

ecset

пэндзлік

festőkészlet

фарбы

olló

нажніцы

ragasztó

клей

munkafüzet

сшытак

házi feladat

хатняе заданне

12

szám

лік

2+2

összead

дадаваць

5-2

kivon

адымаць

2×2

szoroz

множыць

számol

лічыць

A

betű

літара

ABCDEFG HIJKLMN OPQRSTU VWXYZ

ABC

алфавіт

szó

слова

szöveg

тэкст

olvasni

чытаць

kréta

крэйда

tanóra

ўрок

napló

класны журнал

vizsga

экзамен

bizonyítvány

атэстат

iskolai egyenruha

школьная форма

oktatás

адукацыя

enciklopédia

энцыклапедыя

egyetem

універсітэт

mikroszkóp

мікраскоп

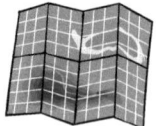

térkép

карта

papír-hulladék gyűjtő

смеццевы кошык

utazás

падарожжа

hotel
гатэль
Grand
szállás
хостэл
ROOMS
valutaváltó iroda
абменны пункт
bőrönd
чамадан
autó
аўтамабіль

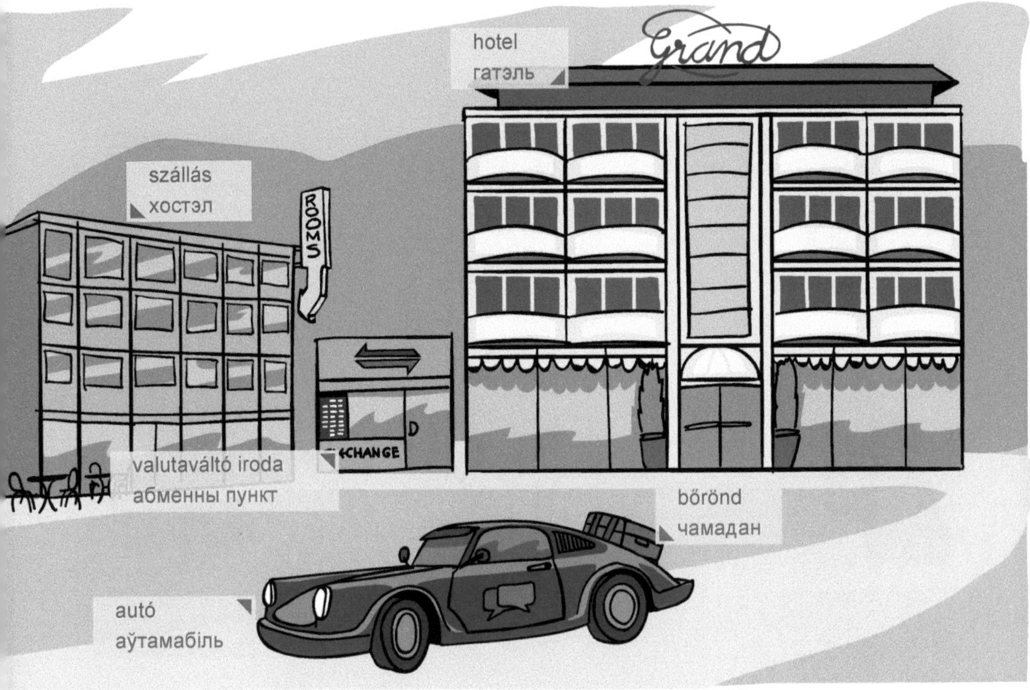

nyelv

мова

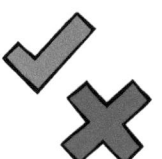

igen/nem

так / не

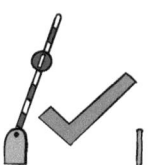

rendben

добра

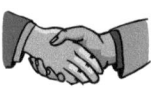

szia

прывітанне!

fordító

перакладчык

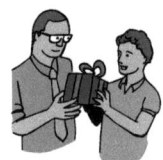

köszönöm

дзякуй

mennyibe kerül…?

Колькі каштуе….?

nem értem

я не разумею

probléma

праблема

Jó estét!

Добры вечар!

jó reggelt!

Добрай раніцы!

jó éjszakát!

Дабранач!

viszontlátásra

да пабачэння

útirány

кірунак

poggyász

багаж

táska

сумка

hátizsák

заплечнік

vendég

госць

szoba

пакой

hálózsák

спальны мяшок

sátor

палатка

turista információ

нфармацыя для турыстаў

strand

пляж

hitelkártya

крэдытная картка

reggeli

снеданне

ebéd

абед

vacsora

вячэра

jegy

праязны білет

lift

ліфт

bélyeg

паштовая марка

határ

мяжа

vám

мытня

nagykövetség

пасольства

vízum

віза

útlevél

пашпарт

közlekedés

транспарт

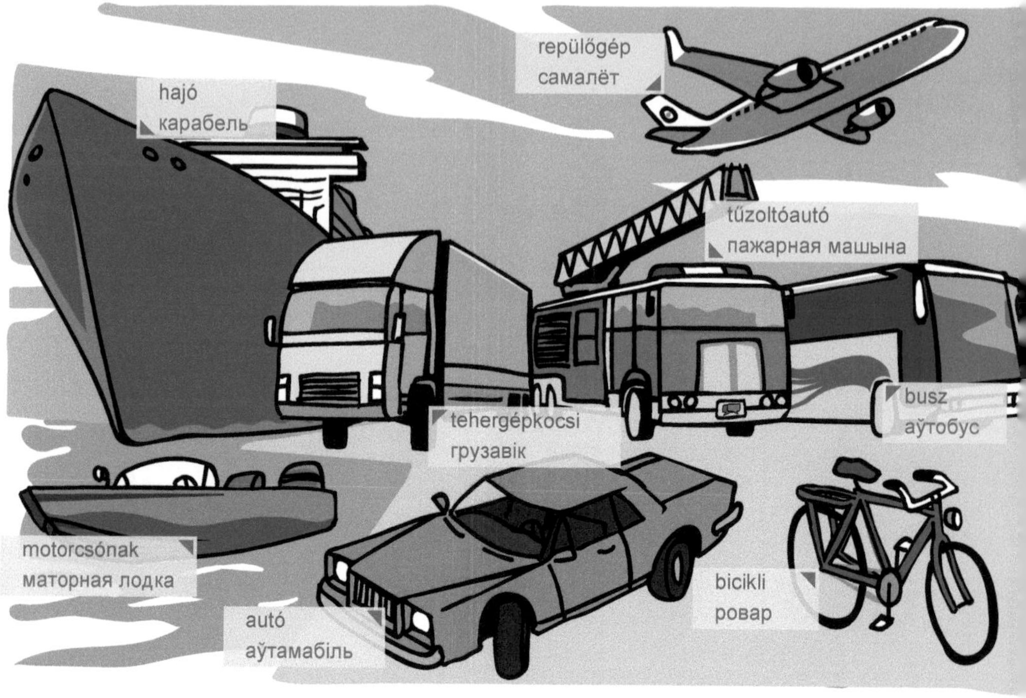
hajó
карабель
repülőgép
самалёт
tűzoltóautó
пажарная машына
tehergépkocsi
грузавік
busz
аўтобус
motorcsónak
маторная лодка
bicikli
ровар
autó
аўтамабіль

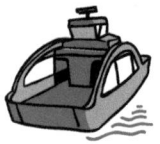

komp

паром

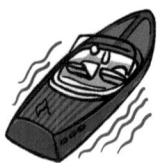

csónak

лодка

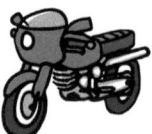

motorkerékpár

матацыкл

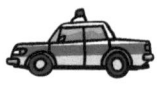

rendőrautó

паліцэйская машына

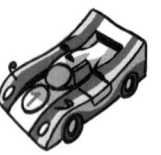

versenyautó

гоначны аўтамабіль

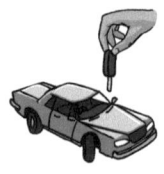

bérautó

арэндаваны аўтамабіль

telekocsi

сумеснае карыстанне аўтамабілем

vontató

эвакуатар

szemetes autó

смеццявоз

motor

матор

üzemanyag

паліва

benzinkút

запраўка

közlekedési tábla

дарожны знак

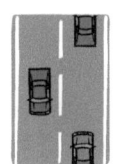

forgalom

дарожны рух

forgalmi dugó

затор

parkoló

паркоўка

vonatállomás

чыгуначная станцыя

sínek

рэйкі

vonat

цягнік

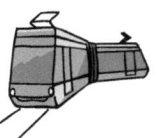

villamos

трамвай

vagon

вагон

helikopter
....
верталёт

repülőtér
....
аэрапорт

torony
....
вежа

utas
....
пасажыр

konténer
....
кантэйнер

kartondoboz
....
кардонная скрыня

taliga
....
тачка

kosár
....
карзіна

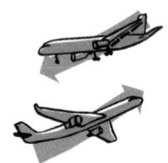

felszáll / leszáll
....
ўзлятаць / прызямляцца

város

горад

falu
....
вёска

városközpont
....
цэнтр горада

ház
....
дом

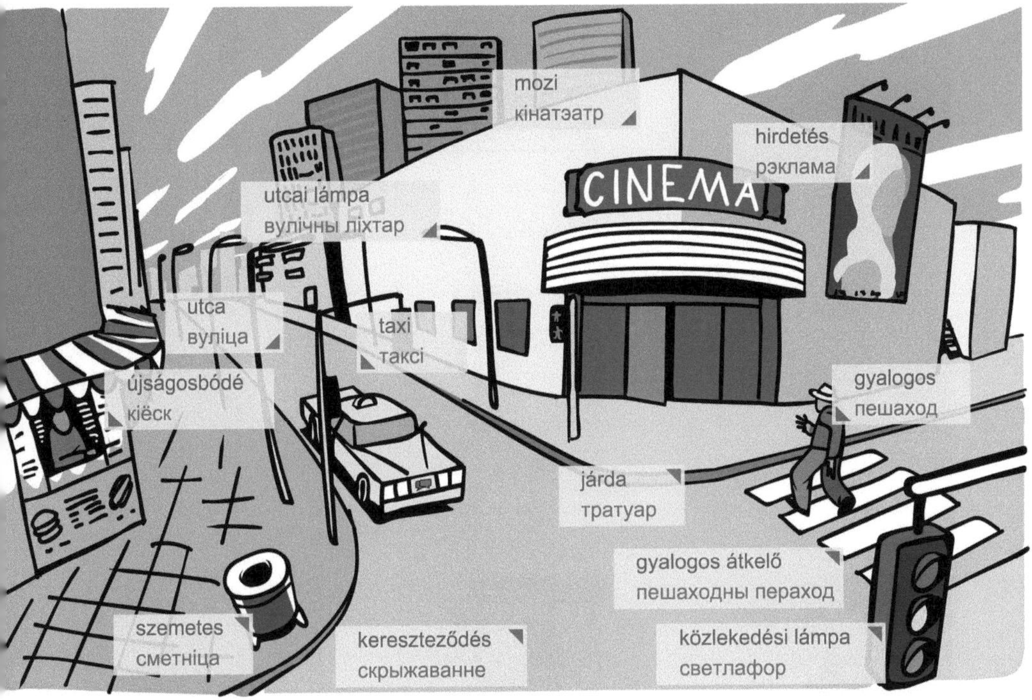
mozi
кінатэатр
hirdetés
рэклама
CINEMA
utcai lámpa
вулічны ліхтар
utca
вуліца
taxi
таксі
újságosbódé
кіёск
gyalogos
пешаход
járda
тратуар
gyalogos átkelő
пешаходны пераход
szemetes
сметніца
kereszteződés
скрыжаванне
közlekedési lámpa
светлафор

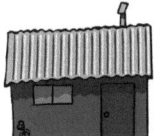

kunyhó

халупа

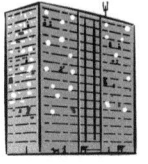

lakás

кватэра

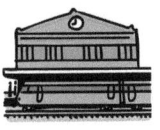

vonatállomás

чыгуначная станцыя

városháza

ратуша

MUSEUM

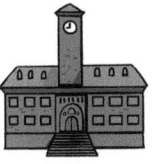

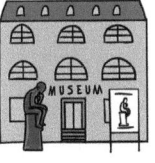

múzeum

музей

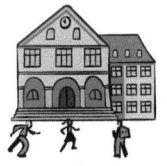

iskola

школа

egyetem

універсітэт

bank

банк

kórház

шпіталь

hotel

гатэль

gyógyszertár

аптэка

iroda

офіс

könyvesbolt

кнігарня

üzlet

крама

virágüzlet

кветкавая крама

szupermarket

супермаркет

piac

кірмаш

áruház

універмаг

halárus

рыбная крама

bevásárló központ

гандлевы цэнтр

kikötő

порт

park

парк

pad

лава

híd

мост

lépcső

лесвіца

metró

метро

alagút

тунэль

buszmegálló

прыпынак

bár

бар

étterem

рэстаран

postaláda

паштовая скрыня

utcatábla

вулічны паказальнік

parkoló óra

паркамат

állatkert

заапарк

uszoda

басейн

mecset

мячэць

gazdálkodás

сядзіба

környezetszennyezés

забруджванне
навакольнага асяроддзя

temető

могілкі

templom

царква

játszótér

пляцоўка для гульні

szentély

храм

táj
краявід

levél
ліст

útjelző tábla
паказальнік

út
дарога

rét
луг

kő
камень

túrázó
падарожнік

fa
дрэва

folyó
рака

fű
трава

virág
кветка

völgy
даліна

domb
гара

tó
возера

erdő
лес

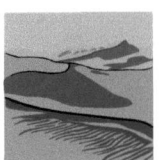

sivatag
пустыня

vulkán
вулкан

kastély
замак

szivárvány
вясёлка

gomba
грыб

pálmafa
пальма

szúnyog
камар

légy
муха

hangya
мурашка

méhecske
пчала

pók
павук

bogár

жук

béka

жаба

mókus

вавёрка

sündisznó

вожык

nyúl

заяц

bagoly

сава

madár

птушка

hattyú

лебедзь

vaddisznó

дзік

szarvas

алень

rénszarvas

лось

gát

плаціна

szélturbina

вятрак

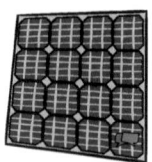

napelem

сонечная батарэя

éghajlat

клімат

étterem
рэстаран

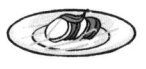

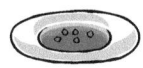

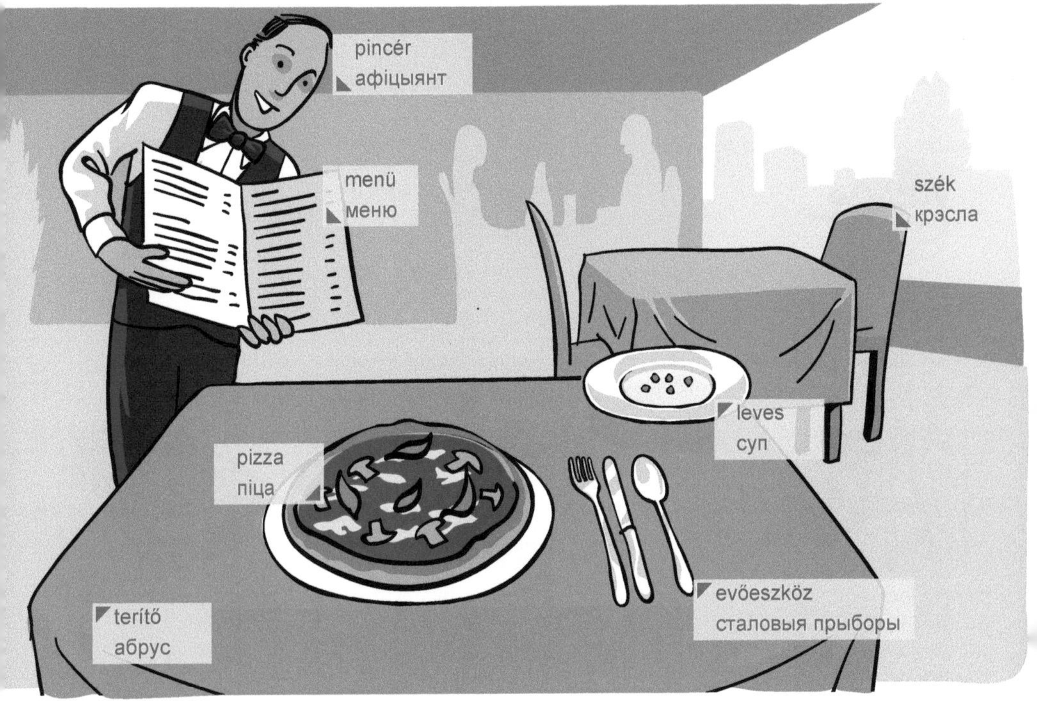
pincér
афіцыянт
menü
меню
szék
крэсла
leves
суп
pizza
піца
evőeszköz
сталовыя прыборы
terítő
абрус

előétel

закуска

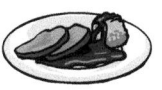

főétel

другая страва

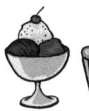

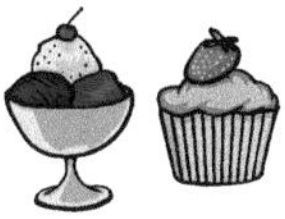

desszert

дэсерт

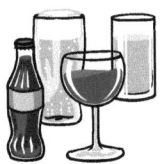

italok

напоі

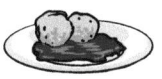

étel

ежа

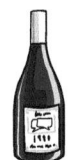

üveg

бутэлька

gyorsétel

хуткае харчаванне (фаст-фуд)

gyorsétel

стрыт-фуд

teás kanna

імбрык (чайнік)

cukortartó

цукарніца

adag

порцыя

eszpresszógép

эспрэса-машына

bárszék

дзіцячае крэселка

számla

рахунак

tálca

паднос

kés

нож

villa

відэлец

kanál

лыжка

teáskanál

чайная лыжка

szalvéta

сурвэтка

pohár

шклянка

tányér

талерка

leveses tányér

супавая талерка

csészealj

сподак

szósz

соус

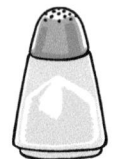

sószóró

сальніца

borsőrlő

млынок для перцу

ecet

воцат

étkezési olaj

алей

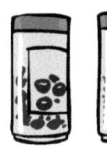

fűszerek

спецыі

ketchup

кетчуп

mustár

гарчыца

majonéz

маянэз

szupermarket

супермаркет

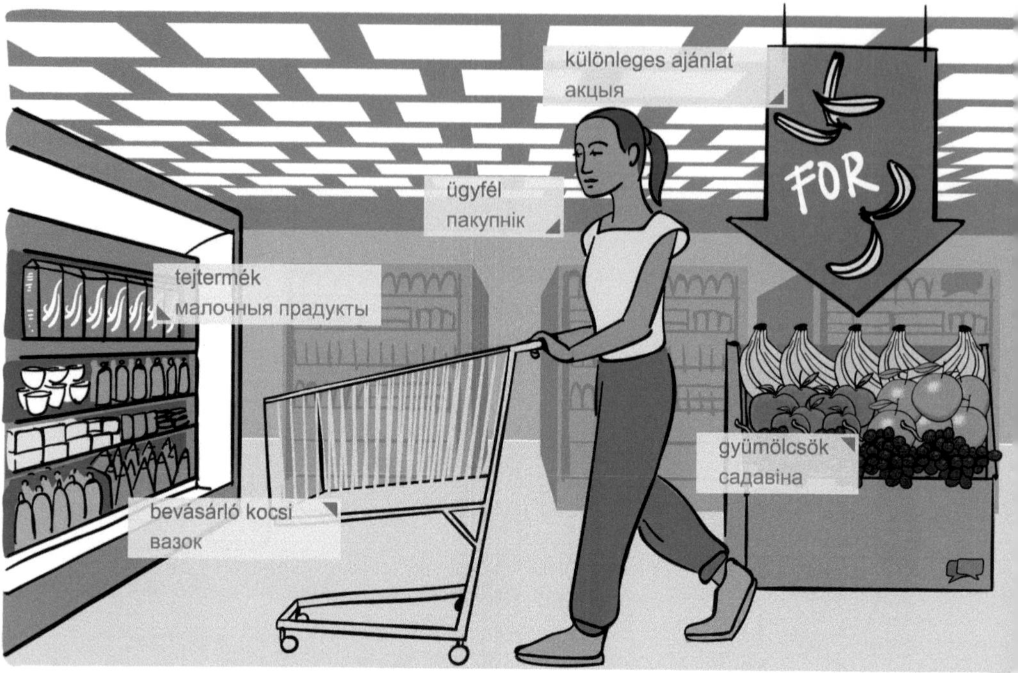
különleges ajánlat
акцыя
FOR
ügyfél
пакупнік
tejtermék
малочныя прадукты
gyümölcsök
садавіна
bevásárló kocsi
вазок

BUTCHERS

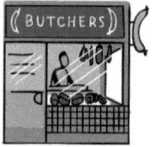

hentes

мясная крама

BAKERY

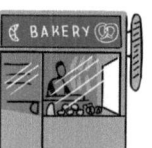

pékség

хлебны магазін

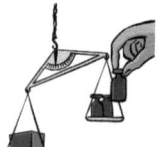

nyom valamennyit

важыць

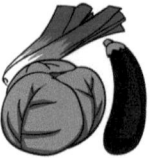

zöldség

гароднiна

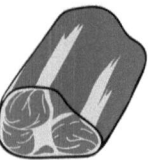

hús

мяса

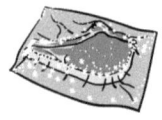

fagyasztott áru

свежазамарожаныя прадукты

felvágott

нарэзка

konzerv

кансервы

mosópor

пральны парашок

édességek

прысмакі

háztartási termék

хатнія прылады

tisztítószerek

чысцячы сродак

eladó

прадавец

pénztárgép

каса

eladó

касір

bevásárló lista

спіс пакупак

nyitva tartás

гадзіны працы

levéltárca

бумажнік

hitelkártya

крэдытная картка

zacskó

сумка

műanyag zacskó

пакет

víz

вада

gyümölcslé

сок

tej

малако

kóla

кола

bor

віно

sör

піва

alkohol

алкаголь

kakaó

какава

tea

гарбата (чай)

kávé

кава

eszpresszó

эспрэса

kapucsínó

капучына

banán

банан

alma

яблык

narancs

апельсін

sárgadinnye

дыня

citrom

лімон

sárgarépa

морква

fokhagyma

часнок

bambusz

бамбук

hagyma

цыбуля

gomba

грыб

magvak

арэхі

nokedli

локшына

spagetti

спагеці

rizs

рыс

saláta

салата

sült krumpli

бульба фры

sült burgonya

смажаная бульба

pizza

піца

hamburger

гамбургер

szendvics

бутэрброд

hússzelet

шніцаль

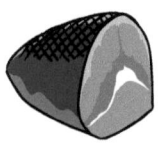

sonka

вяндліна

szalámi

салямі

kolbász

каўбаса

csirke

курыца

pecsenye

смажаніна

hal

рыбак

zabkása

aўсяныя камякі

müzli

мюслі

kukoricapehely

кукурузныя шматкі

liszt

мука

croissant

круасан

zsemle

булачка

kenyér

хлеб

pirítós kenyér

тост

keksz

пячэнне

vaj

масла

túró

тварог

sütemény

пірог

tojás

яйка

tükörtojás

яечня

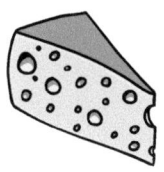

sajt

сыр

jégkrém

марожанае

cukor

цукар

méz

мёд

lekvár

варэнне

mogyorókrém

нуга

curry

кары

gazdálkodás
сядзіба

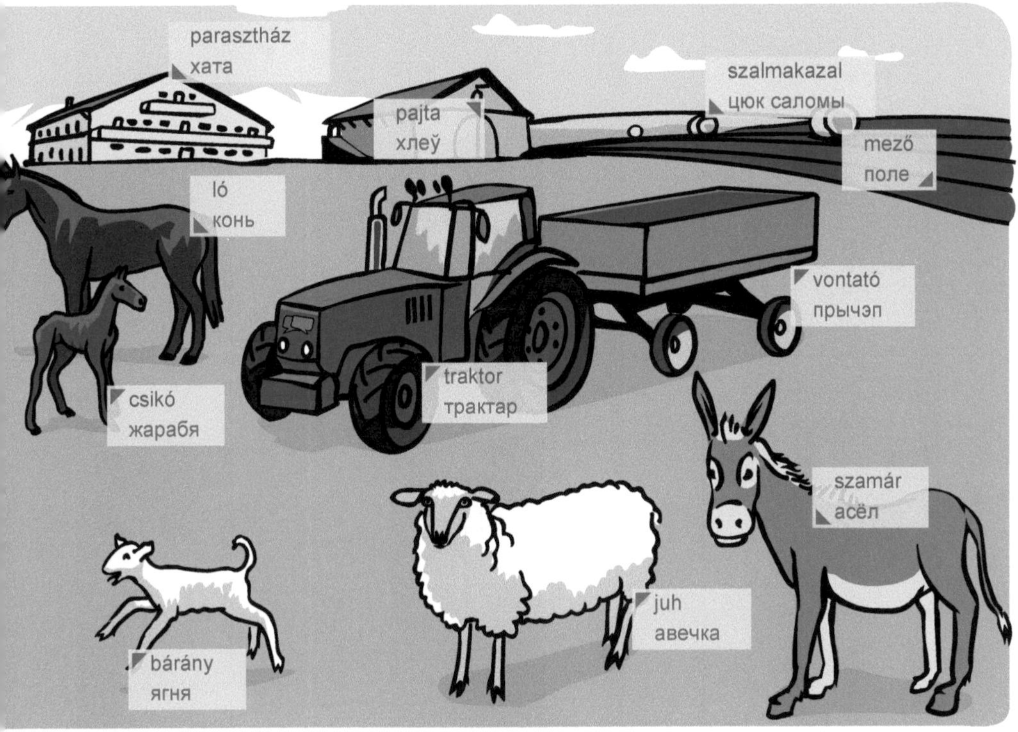
parasztház
хата
pajta
хлеў
szalmakazal
цюк саломы
mező
поле
ló
конь
vontató
прычэп
traktor
трактар
csikó
жарабя
szamár
асёл
juh
авечка
bárány
ягня

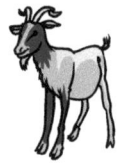

kecske
каза

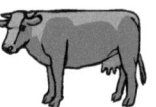

tehén
карова

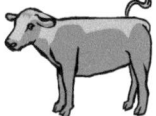

borjú
цяля

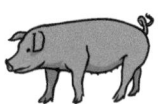

malac
свіння

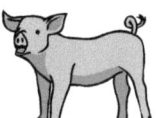

kismalac
парася

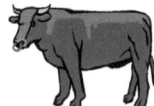

bika
бык

liba
гусак

kacsa
качка

csibe
кураня

tojó
курыца

kakas
певень

patkány
пацук

macska
кот

egér
мыш

ökör
вол

kutya
сабака

kutyaház
сабачая будка

kerti öntözőcső
садовы шланг

öntözőkanna
палівачка

kasza
каса

eke
плуг

sarló
серп

kapa
матыка

vasvilla
вілы для гною

fejsze
сякера

talicska
тачка

teknő
карыта

tejes kancsó
бітон для малака

zsák
мех

kerítés
плот

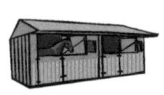

istálló
хлеў

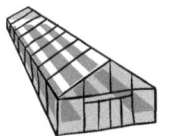

üvegház
цапліца

talaj
глеба

vetőmag
насенне

trágya
угнаенне

cséplőgép
камбайн

szüretelni

збіраць ураджай

betakarítás

ураджай

yamgyökér

ямс

búza

пшаніца

szója

соя

burgonya

бульба

kukorica

кукуруза

repcemag

рапс

gyümölcsfa

садовае дрэва

manióka

маніёк

gabona

збожжа

ház

дом

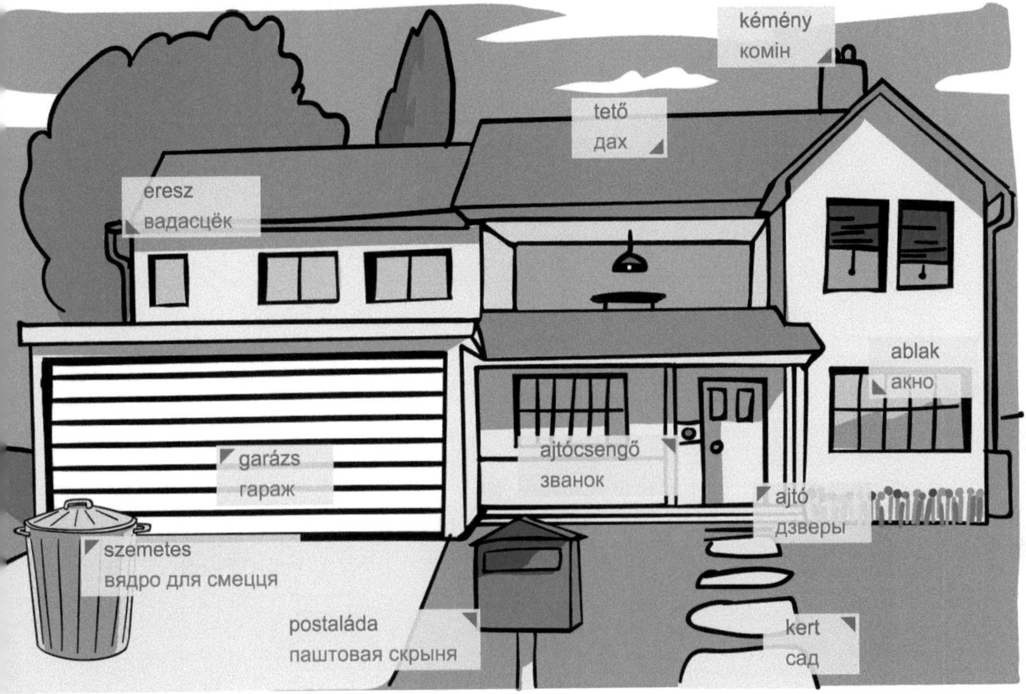

kémény
комін
tető
дах
eresz
вадасцёк
ablak
акно
ajtócsengő
званок
garázs
гараж
ajtó
дзверы
szemetes
вядро для смецця
postaláda
паштовая скрыня
kert
сад

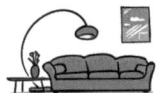

nappali

жылы пакой

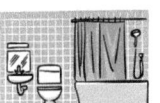

fürdőszoba

ванная

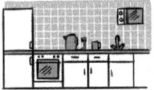

konyha

кухня

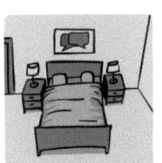

hálószoba

спальны пакой

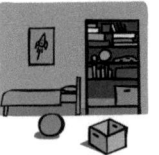

gyerekszoba

дзіцячы пакой

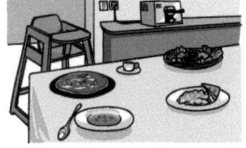

ebédlő

сталоўка

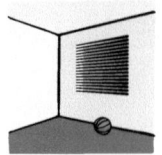

padló

падлога

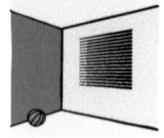

fal

сцяна

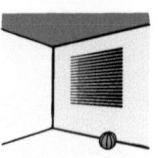

plafon

столь

pince

падвал

szauna

саўна

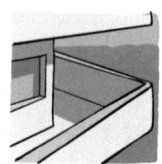

erkély

балкон

terasz

тэраса

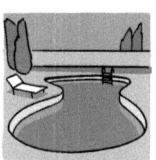

medence

басейн

fűnyíró

касілка

lepedő

падкоўдранік

ágytakaró

коўдра

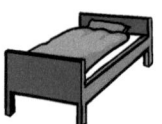

ágy

ложак

seprű

венік

vödör

вядро

kapcsoló

выключальнік

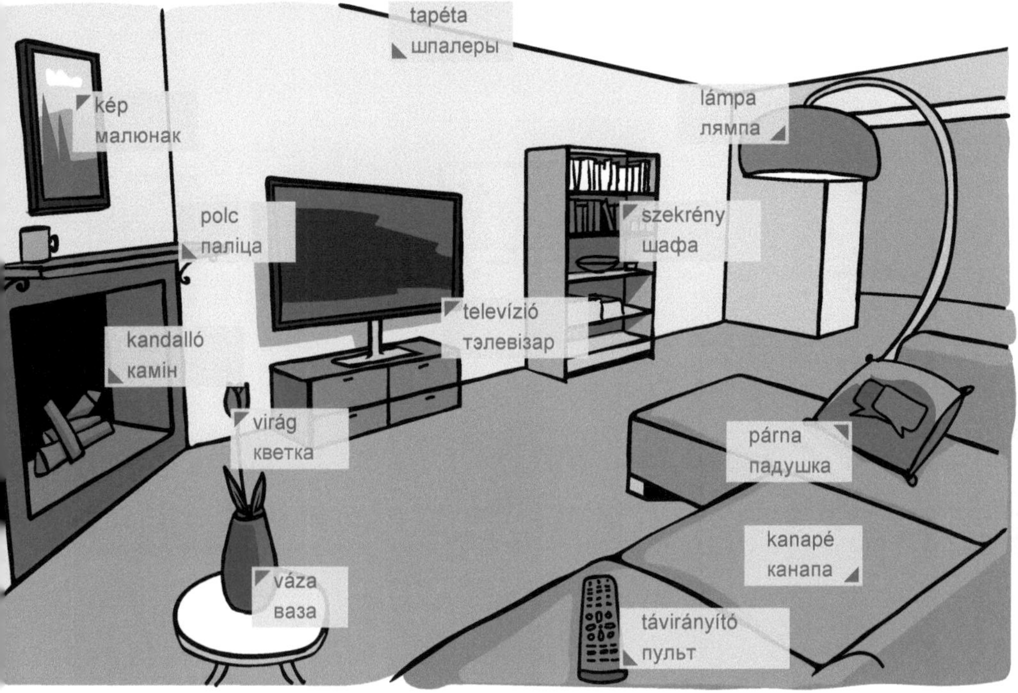

tapéta
шпалеры

kép
малюнак

lámpa
лямпа

polc
паліца

szekrény
шафа

televízió
тэлевізар

kandalló
камін

virág
кветка

párna
падушка

kanapé
канапа

váza
ваза

távirányító
пульт

szőnyeg
дыван

függöny
фіранка

asztal
стол

szék
крэсла

hintaszék
крэсла-качалка

karosszék
крэсла

könyv
кніга

takaró
коўдра

dekoráció
дэкарацыя

tűzifa
дровы

film
кіно

hifi
стэрэасістэма

kulcs
ключ

újság
газета

festmény
карціна

poszter
постар

rádió
радыё

jegyzetfüzet
нататнік

porszívó
пыласос

kaktusz
кактус

gyertya
свечка

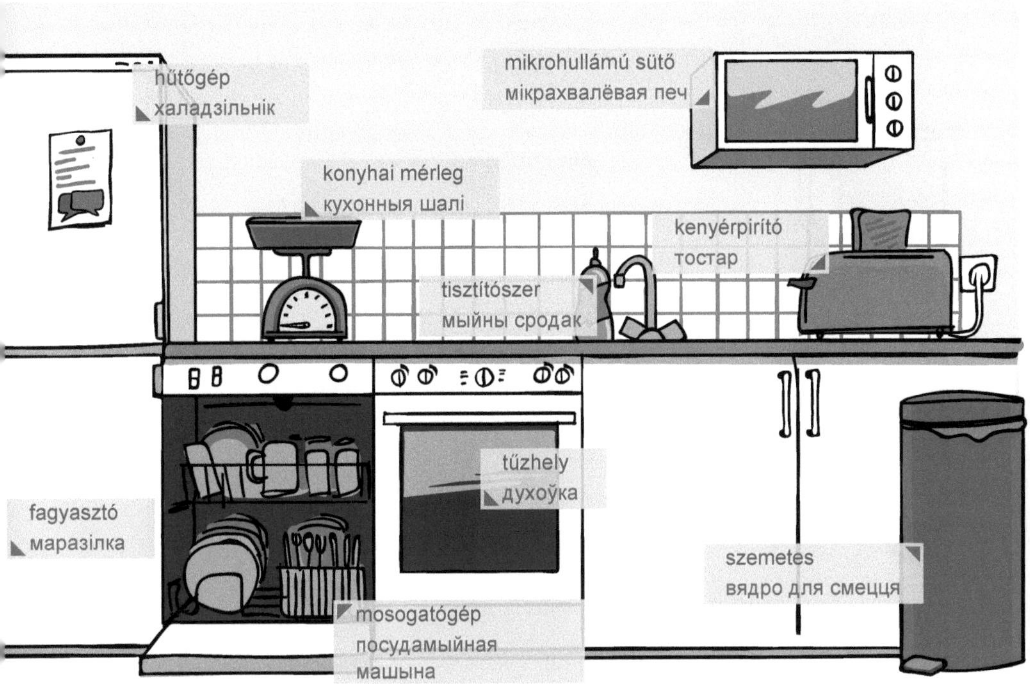

hűtőgép
халадзільнік

mikrohullámú sütő
мікрахвалёвая печ

konyhai mérleg
кухонныя шалі

kenyérpirító
тостар

tisztítószer
мыйны сродак

fagyasztó
маразілка

tűzhely
духоўка

szemetes
вядро для смецця

mosogatógép
посудамыйная
машына

tűzhely

пліта

edény

рондаль

vasfazék

чыгунок

wok / kadai

Вок / кадаі

serpenyő

патэльня

vízforraló

чайнік

pároló
параварка

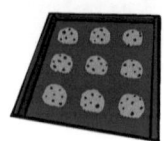

tepsi
бляха

étkészlet
посуд

bögre
кубак

tálka
міска

evőpálcika
палачкі для ежы

merőkanál
чарпак

keverőlapátka
лапатачка

habverő
збівалка

szűrő
сіта для варэння

szita
сіта

reszelő
тарка

mozsár
ступка

grillsütő
грыль

kandalló
вогнішча

vágódeszka
дошка

sodrófa
качалка

dugóhúzó
штопар

doboz
бляшанка

konzervnyitó
адкрывалка

edényfogó
прыхваткі

mosogató
ракавіна

kefe
шчотка

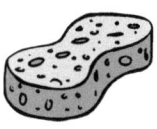

szivacs
губка

turmixgép
міксер

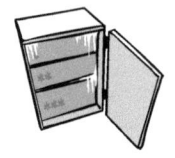

mélyhűtő
маразільная камера

cumisüveg
бутэлечка

csap
вадаправодны кран

fürdőszoba

ванная

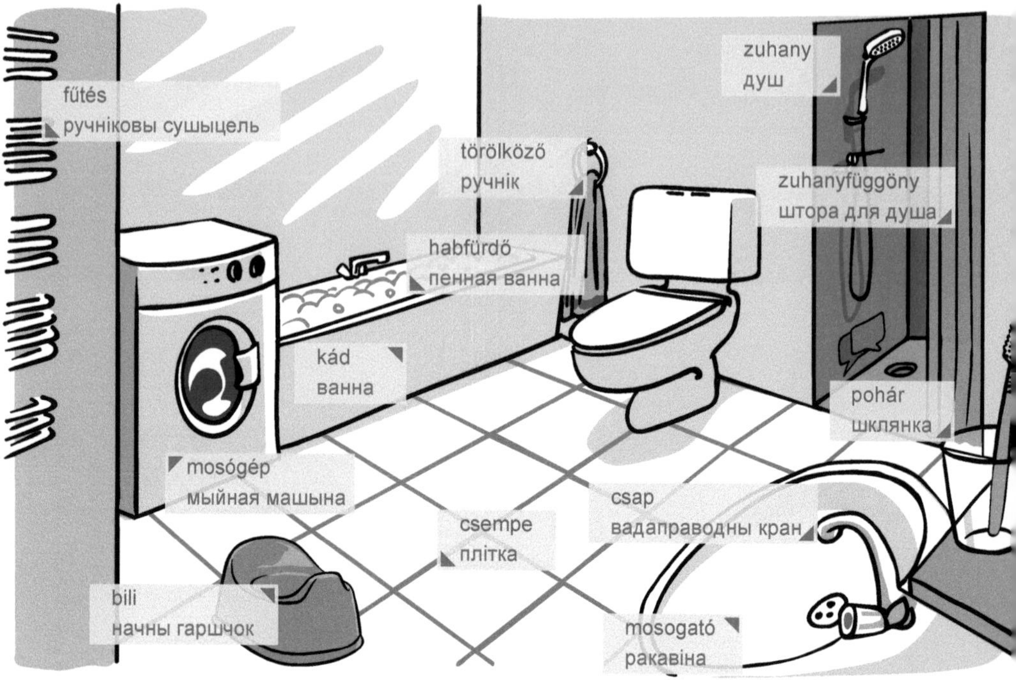

fűtés
ручніковы сушыцель
zuhany
душ
törölköző
ручнік
zuhanyfüggöny
штора для душа
habfürdő
пенная ванна
kád
ванна
pohár
шклянка
mosógép
мыйная машына
csap
вадаправодны кран
csempe
плітка
bili
начны гаршчок
mosogató
ракавіна

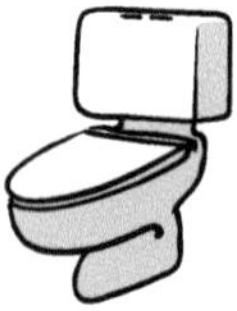

toalett
....
туалет

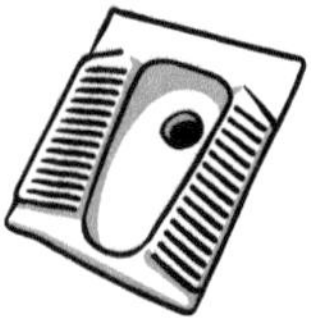

guggolós toalett
....
падлогавы ўнітаз

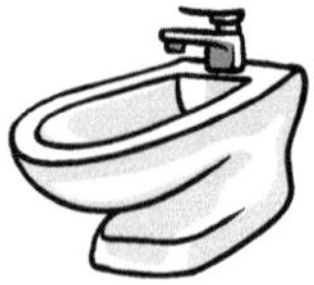

bidé
....
бідэ

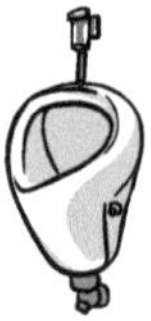

piszoár
....
пісуар

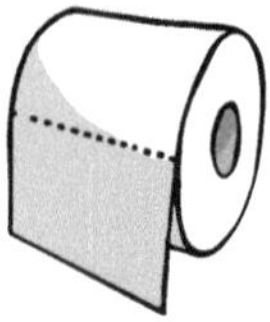

toalett papír
....
туалетная папера

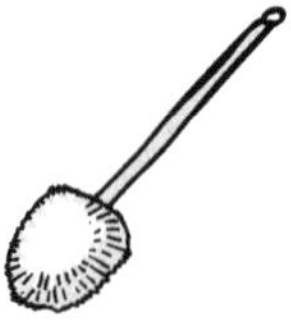

wc kefe
....
шчотка для чысткі ўнітаза

fogkefe

зубная шчотка

fogkrém

зубная паста

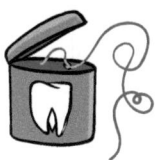

fogselyem

зубная нітка

mosni

мыць

kézi zuhany

ручны душ

intimzuhany

інтымны душ

mosdótál

умывальнік

hátmosó kefe

шчотка для спіны

szappan

мыла

tusfürdő

гель для душа

sampon

шампунь

mosdókesztyű

вяхотка

lefolyó

вадасцёк

krém

крэм

dezodor

дэзадарант

tükör
....
люстэрка

kézitükör
....
касметычнае люстэрка

borotva
....
станок для галення

borotvahab
....
пена для галення

borotválkozás utáni arcszesz
....
ласьён пасля галення

fésű
....
грэбень

hajkefe
....
шчотка

hajszárító
....
фен

hajlakk
....
лак для валасоў

smink
....
касметыка

ajakrúzs
....
памада

körömlakk
....
лак для пазногцяў

vatta
....
вата

körömvágó olló
....
манікюрныя нажніцы

parfüm
....
духі

neszesszer
касметычка

sámli
табурэтка

mérleg
вагі

köntös
лазневы халат

gumikesztyű
санітарныя пальчаткі

tampon
тампон

egészségügyi betét
гігіенічныя пракладкі

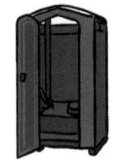

vegyi WC
біятуалет

gyerekszoba
дзіцячы пакой

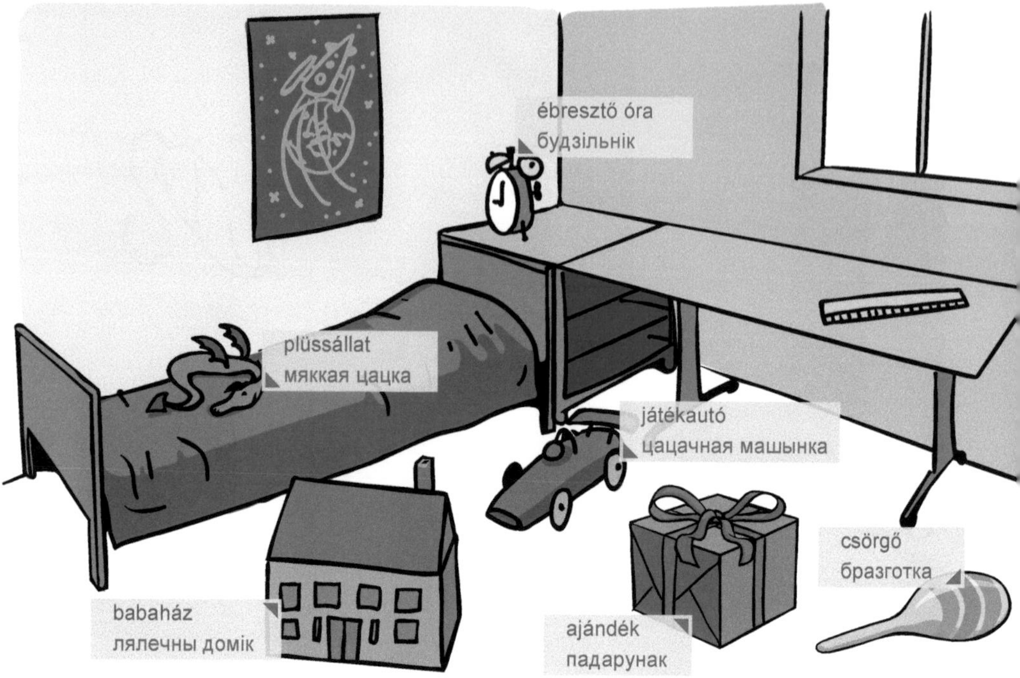
ébresztő óra
будзільнік
plüssállat
мяккая цацка
játékautó
цацачная машынка
csörgő
бразготка
babaház
лялечны домік
ajándék
падарунак

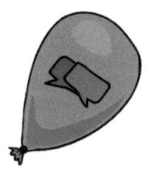

lufi

надзіманы шарык

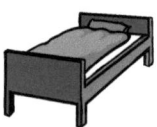

ágy

ложак

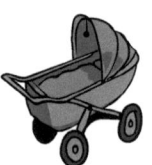

babakocsi

дзіцячая каляска

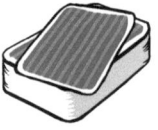

kártyapakli

калода картаў

kirakós játék

пазл

SUPER
MEGA

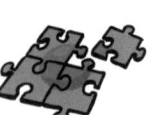

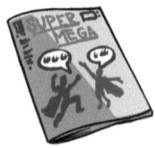

képregény

комікс

építőkockák

канструктар "Лега"

építőelem

канструктар

szuperhős

экшэн-фігурка

rugdalózó

дзіцячы гарнітур

frizbi

фрызбі

zenélő forgó

дзіцячы мабіль

társasjáték

настольная гульня

kocka

кубік

modellvasút

дзіцячая чыгунка

cumi

пустышка

zsúr

дзіцячае свята

képeskönyv

кніга з малюнкамі

labda

мячык

baba

лялька

játszani

гуляцца

homokozó

пясочніца

hinta

арэлі

játékok

цацкі

videójáték konzol

гульнявая відэа прыстаўка

tricikli

трохколавы ровар

teddi maci

плюшавы мішка

ruhásszekrény

шафа

ruházat
адзенне

zokni

шкарпэткі

harisnya

панчохі

harisnyanadrág

калготкі

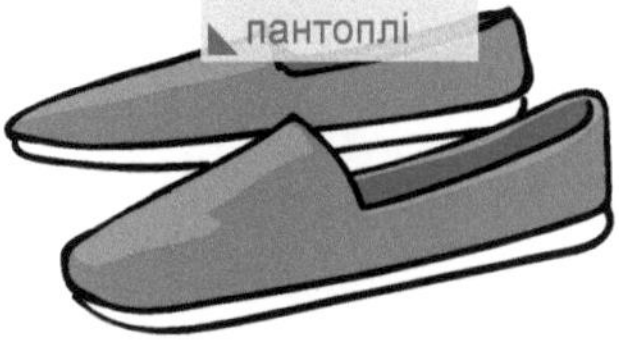

sál
шалік

esernyő
парасон

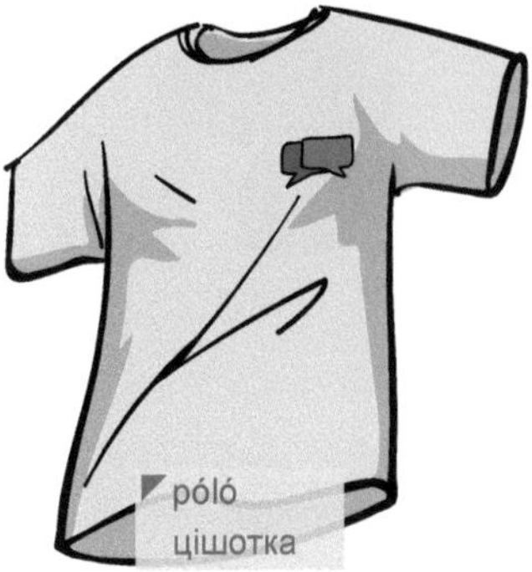

póló
цішотка

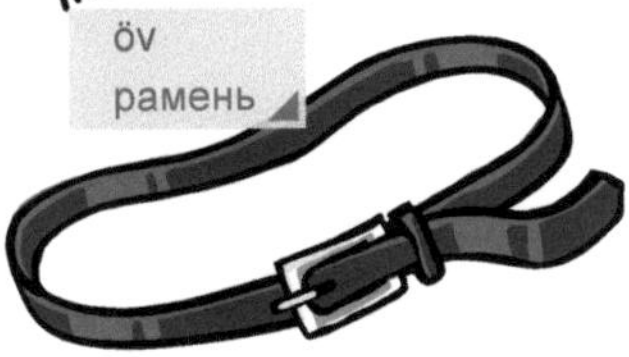

öv
рамень

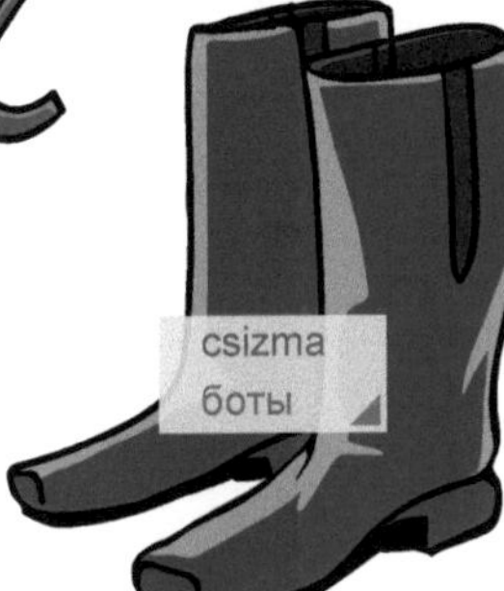

csizma
боты

papucs
пантоплі

tornacipő
красоўкі

szandál
сандалі

cipő
абутак

gumicsizma
гумовыя боты

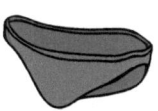
alsónadrág
трусы

melltartó
бюстгальтар

mellény
майка

body
бодзі

nadrág
штаны

farmer
джынсы

szoknya
спадніца

blúz
блузка

ing
кашуля

pulóver
джэмпер

kapucnis pulóver
талстоўка

blézer
блэйзер

dzseki
куртка

kabát
паліто

esőkabát
дажджавік

kosztüm
касцюм

ruha
сукенка

esküvői ruha
вясельная сукенка

öltöny
касцюм

hálóing
начная сарочка

pizsama
піжама

szári
сары

fejkendő
хустка

turbán
цюрбан

burka
паранджа

kaftán
каптан

abaya
Абая

fürdőruha
купальнік

fürdőnadrág
плаўкі

rövidnadrág
шорты

tréningruha
спартыўны касцюм

kötény
фартух

kesztyű
пальчаткі

gomb

гузік

szemüveg

акуляры

karkötő

бранзалет

nyaklánc

каралі

gyűrű

кальцо

fülbevaló

завушніца

sapka

кепка

vállfa

вешалка

kalap

капялюш

nyakkendő

гальштук

cipzár

маланка

bukósisak

шлем

nadrágtartó

падцяжкі

iskolai egyenruha

школьная форма

egyenruha

уніформа

ruházat - адзенне

elöke
....
нагруднік

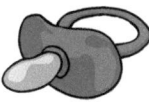

cumi
....
пустышка

pelenka
....
падгузнік

szerver
сервер

irattartó szekrény
канцылярская шафа

nyomtató
прынтэр

papír
папера

képernyő
манітор

egér
мыш

íróasztal
пісьмовы стол

mappa
тэчка

billentyűzet
клавіятура

papír-hulladék gyűjtő
смеццевы кошык

szék
крэсла

számítógép
кампутар

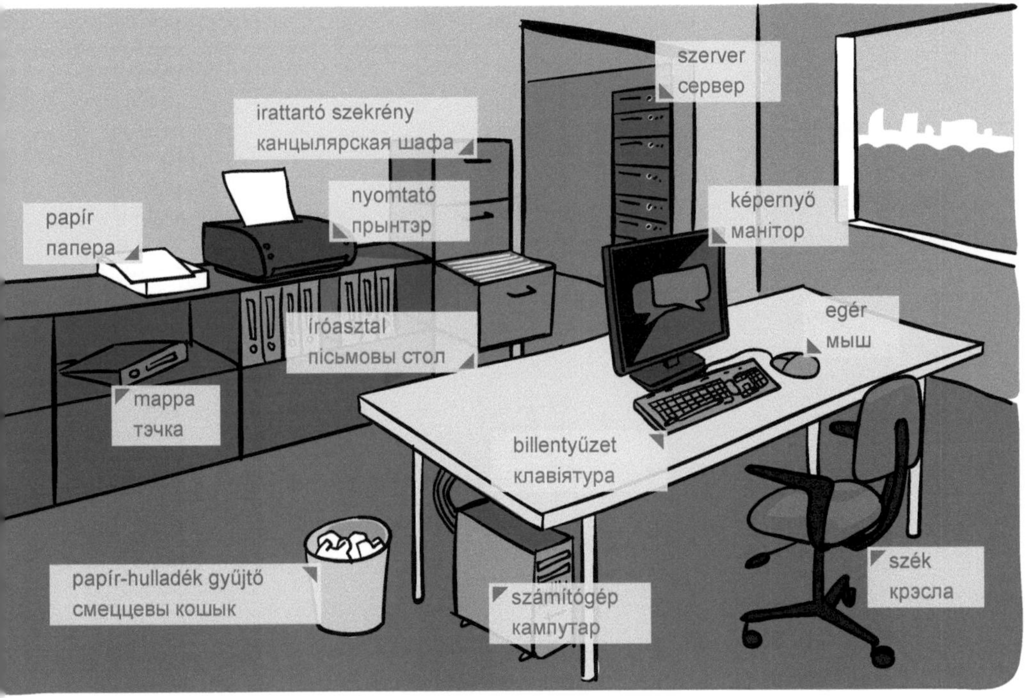

kávéscsésze
....
убак для кавы (філіжанка)

számológép
....
калькулятар

internet
....
інтэрнэт

iroda - офіс

49

laptop

ноўтбук

levél

ліст

üzenet

паведамленне

mobiltelefon

мабільны тэлефон

hálózat

сетка

fénymásoló

ксеракс

szoftver

праграмнае забеспячэнне

telefon

тэлефон

konnektor

разетка

faxgép

факс

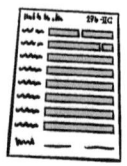

formanyomtatvány

фармуляр

dokumentum

дакумент

venni

купляць

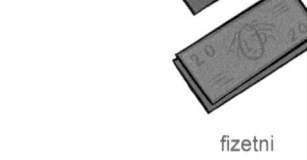

fizetni

плаціць

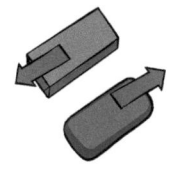

kereskedni

гандляваць

pénz

грошы

dollár

долар

euró

еўра

jen

ена

rubel

рубель

svájci frank

франк

kínai jüan

кітайскі юань

rúpia

рупія

bankautomata

банкамат

valutaváltó iroda

абменны пункт

arany

золата

ezüst

срэбра

olaj

нафта

energia

энергія

ár

цана

szerződés

кантракт

adó

падатак

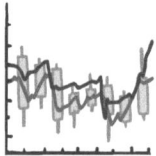

részvény

акцыя

dolgozni

працаваць

munkavállaló

служачы

munkaadó

працадаўца

gyár

фабрыка

üzlet

крама

foglalkozások
прафесii

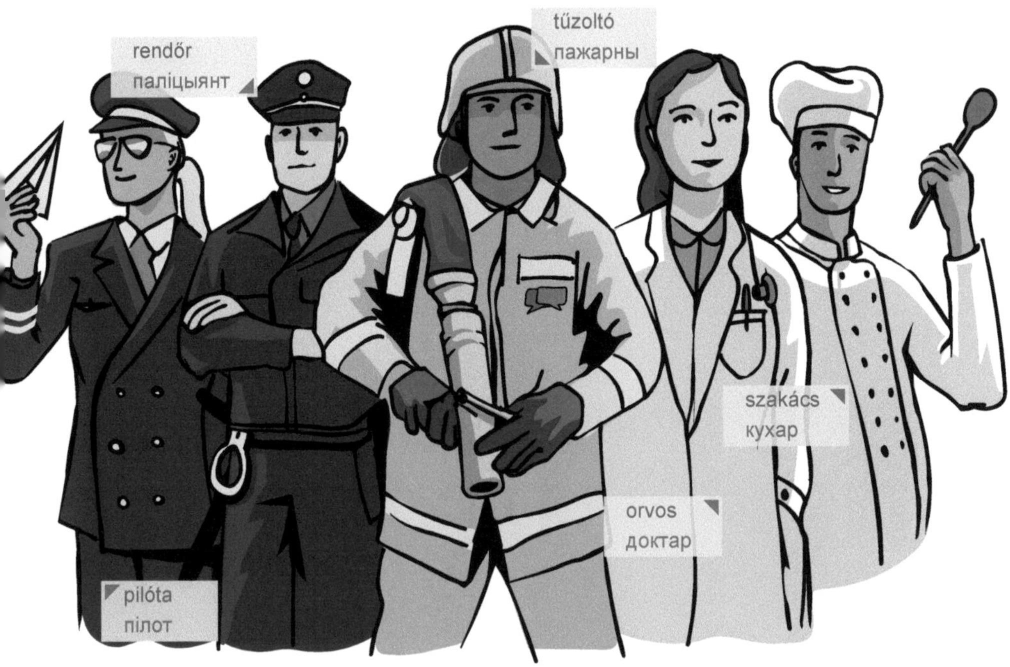

rendőr
паліцыянт
tűzoltó
пажарны
szakács
кухар
orvos
доктар
pilóta
пілот

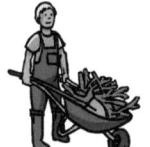

kertész

садоўнік

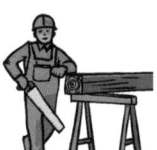

kárpitos

слесар

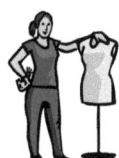

varrónő

швачка

bíró

суддзя

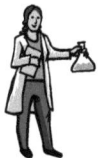

vegyész

хімік

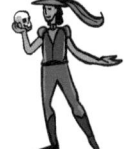

színész

артыст

buszsofőr

kіроўца аўтобуса

taxisofőr

таксіст

halász

рыбак

bejárónő

прыбіральшчыца

tetőfedő

страхар

pincér

афіцыянт

vadász

паляўнічы

festő

мастак

pék

пекар

villanyszerelő

электрык

építőmunkás

будаўнік

mérnök

інжынер

hentes

мяснік

vízvezeték-szerelő

сантэхнік

postás

паштальён

katona
салдат

építész
архітэктар

eladó
касір

virágos
фларыст

fodrász
цырульнік

kalauz
кандуктар

műszerész
механік

kapitány
капітан

fogorvos
стаматолаг

tudós
вучоны

rabbi
рабін

imám
імам

szerzetes
манах

lelkész
святар

szerszámok
інструменты

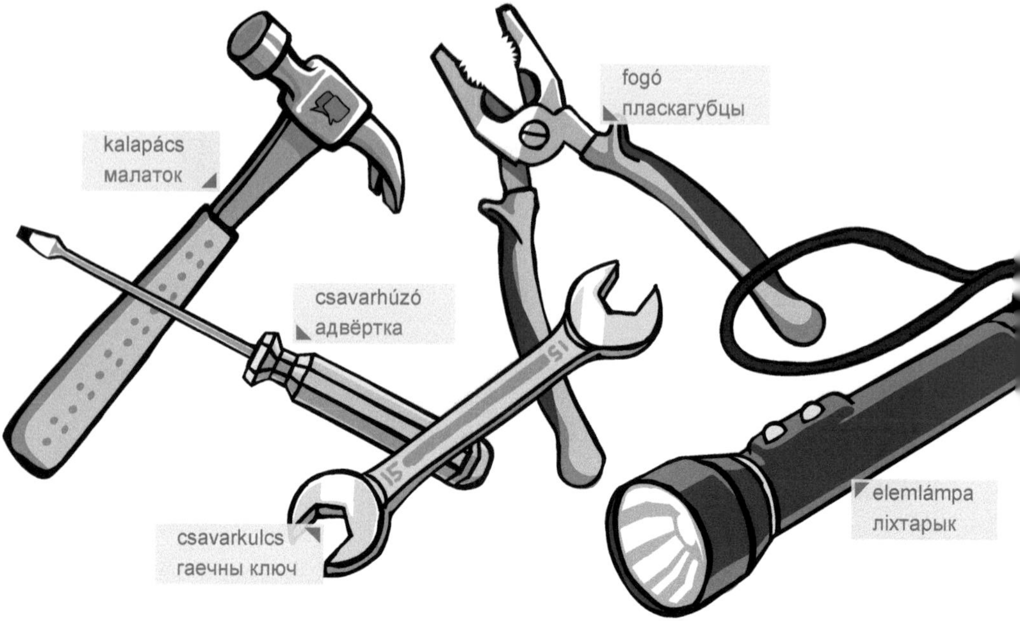
kalapács
малаток
fogó
пласкагубцы
csavarhúzó
адвёртка
csavarkulcs
гаечны ключ
elemlámpa
ліхтарык

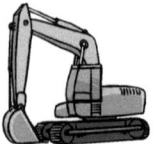

markológép

экскаватар

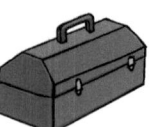

szerszámosláda

скрыня для інструментаў

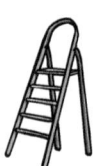

vödör

драбіны

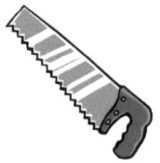

fűrész

піла

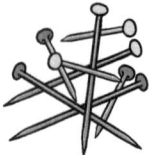

szög

цвікі

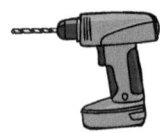

fúrógép

дрыль

megjavítani

рамантаваць

lapát

рыдлеўка

A francba!

Халера!

szemétlapát

шуфлік для смецця

festékesdoboz

вядро з фарбаю

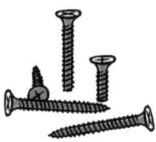

csavar

балты

hangszerek
музычныя інструменты

dobfelszerelés
ударны інструмент

hangszóró
калонкі

gitár
гітара

nagybőgő
кантрабас

trombita
труба

zongora

піяніна

hegedű

скрыпка

basszusgitár

басгітара

üstdob

літаўры

dobok

барабан

digitális zongora

клавішны электрамузычны інструмент

szaxofon

саксафон

fuvola

флейта

mikrofon

мікрафон

állatkert
заапарк

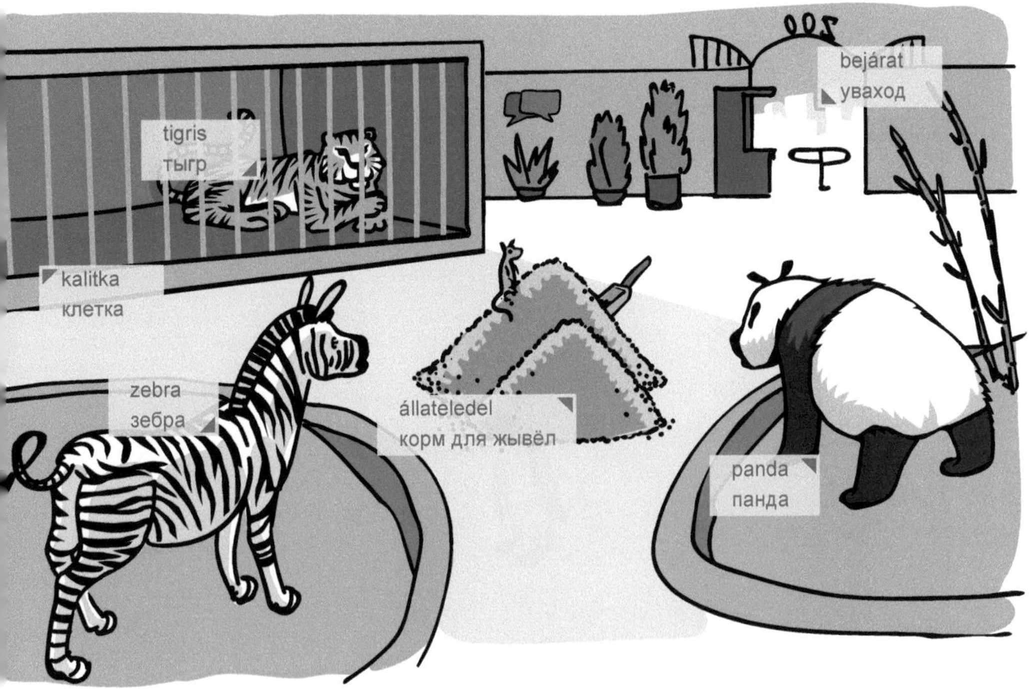

bejárat
уваход
tigris
тыгр
kalitka
клетка
zebra
зебра
állateledel
корм для жывёл
panda
панда

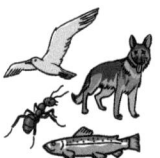

állatok

жывёлы

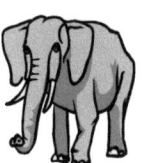

elefánt

слон

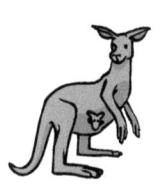

kenguru

кенгуру

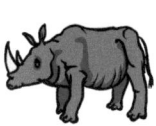

orrszarvú

насарог

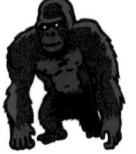

gorilla

гарыла

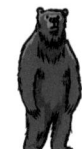

medve

мядзведзь

teve

вярблюд

strucc

стравус

oroszlán

леў

majom

малпа

flamingó

фламінга

papagáj

папугай

jegesmedve

белы мядзведзь

pingvin

пінгвін

cápa

акула

páva

паўлін

kígyó

змяя

krokodil

кракадзіл

állatgondozó

наглядчык заапарка

fóka

цюлень

jaguár

ягуар

póniló
поні

leopárd
леапард

víziló
бегемот

zsiráf
жыраф

sas
арол

vaddisznó
дзік

hal
рыбак

teknős
чарапаха

rozmár
морж

róka
ліса

gazella
газель

amerikai futball
амерыканскі футбол

kerékpározás
веласпорт

tenisz
тэніс

kosárlabda
баскетбол

úszás
плаванне

boksz
бокс

jégkorong
хакей з шайбай

futball
футбол

tollas
бадмінтон

atlétika
лёгкая атлетыка

kézilabda
гандбол

síelés
горныя лыжы

lovaspóló
пола

tevékenységek
дзейнасць

ugrani
скакаць
nevetni
смяяцца
ölelni
абдымаць
sétálni
ісці
énekelni
спяваць
álmodni
марыць
dicsérni
маліцца
csókolni
цалаваць

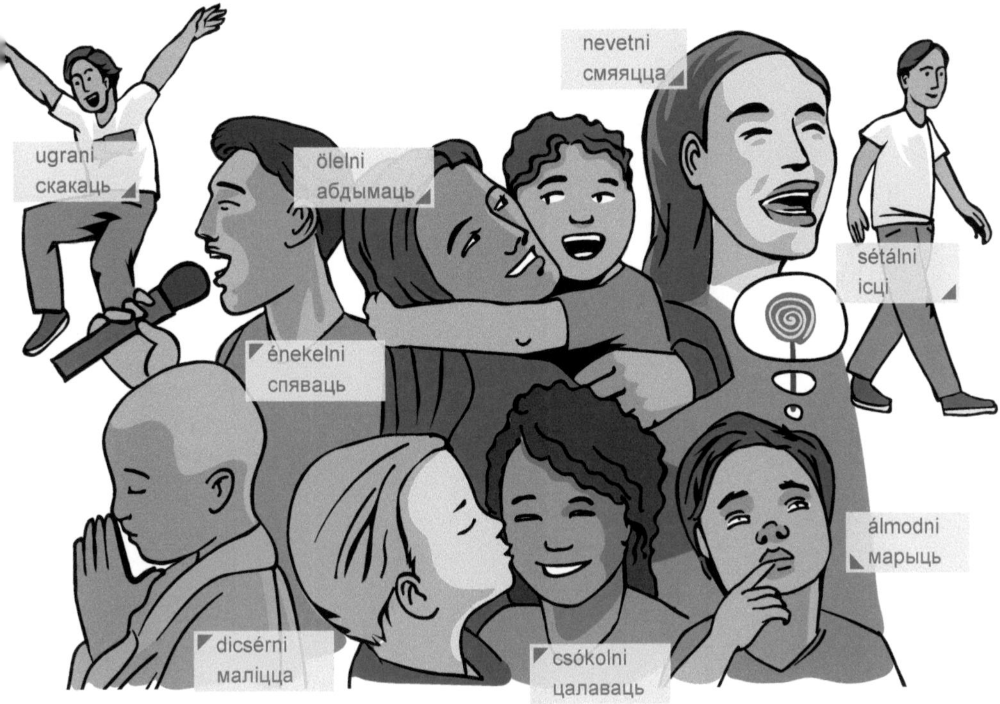

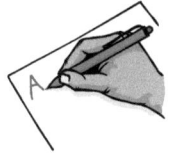

írni
пісаць

rajzolni
маляваць

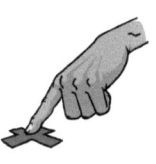

mutatni
паказваць

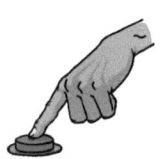

tolni
націснуць

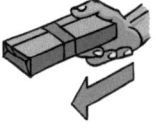

adni
даваць

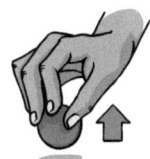

vinni
браць

birtokolni

мaць

csinálni

выконваць

lenni

быць

állni

стаяць

futni

бегчы

húzni

цягнуць

hajít

кідаць

esni

падаць

hazudni

ляжаць

várni

чакаць

vinni

насіць

ülni

сядзець

felvenni

апранацца

aludni

спаць

felébredni

прачынацца

ránézni

глядзець

sírni

плакаць

simogat

лашчыць

fésülni

прычэсвацца

beszélni

гаварыць

megérteni

разумець

kérdezni

пытаць

hallgatni

чуць

inni

піць

enni

есці

takarítani

прыбіраць

szeretni

кахаць

főzni

гатаваць

vezetni

ехаць

szállni

лятаць

vitorlázni
плаваць пад ветразем

számol
лічыць

olvasni
чытаць

tanulni
вучыць

dolgozni
працаваць

házasodni
уступаць у шлюб

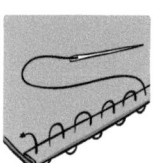

varrni
шыць

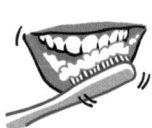

fogat mosni
чысціць зубы

ölni
забіваць

dohányozni
курыць

küldeni
пасылаць

nagymama
бабуля

nagypapa
дзядуля

apa
бацька

anya
маці

kisbaba
дзіця

lány
дачка

fiú
сын

vendég

госць

nagynéni

цётка

nagybácsi

дзядзька

fiútestvér

брат

lánytestvér

сястра

test

цела

homlok
лоб
szem
вока
arc
твар
áll
падбародак
ujj
палец
kéz
рука
mell
грудзі
kar
рука
váll
плячо
láb
нага

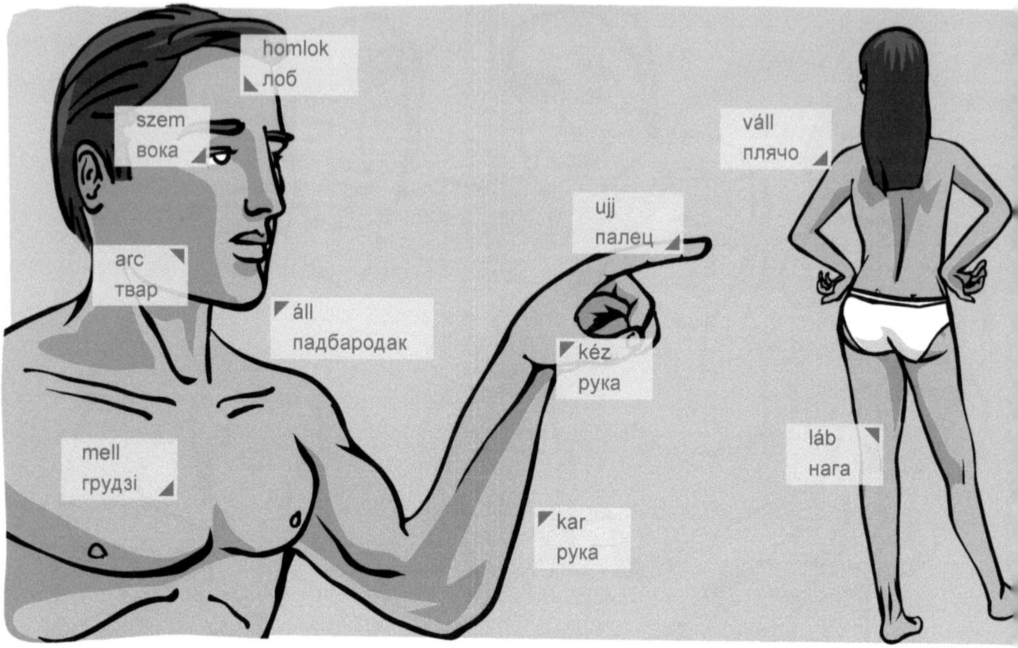

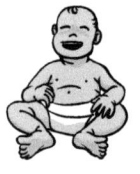

kisbaba
дзіця

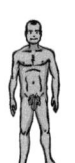

ember
мужчына

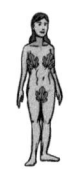

nő
жанчына

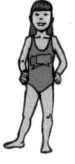

lány
дзяўчынка

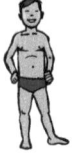

fiú
хлопчык

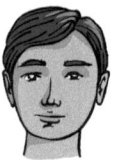

fej
галава

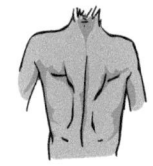

hát

спіна

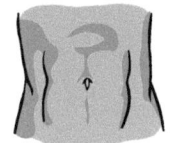

has

жывот

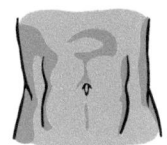

köldök

пуп

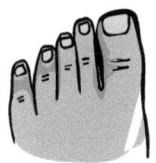

lábujj

палец нагі

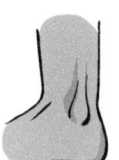

sarok

пятка

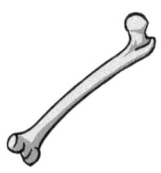

csont

костка

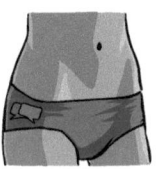

csípő

бядро

térd

калена

könyök

локаць

orr

нос

fenék

ягадзіца

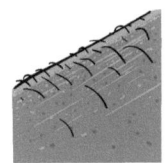

bőr

скура

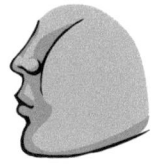

orca

шчака

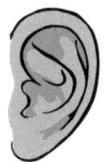

fül

вуха

ajak

губа

száj

рот

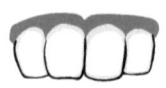

fog

зуб

nyelv

язык

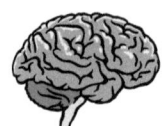

agy

галаўны мозг

szív

сэрца

izom

мышца

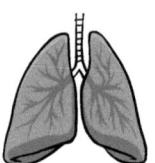

tüdő

лёгкае

máj

пячонка

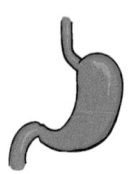

gyomor

страўнік

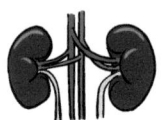

vese

ныркі

szex

сэкс

kondom

прэзерватыў

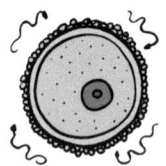

petesejt

яйцаклетка

sperma

сперма

terhesség

цяжарнасць

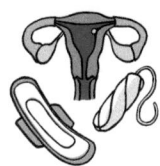

menstruáció

менструацыя

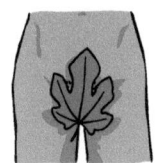

vagina

похва

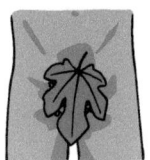

pénisz

пеніс

szemöldök

брыво

haj

валасы

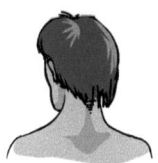

nyak

шыя

kórház
шпіталь

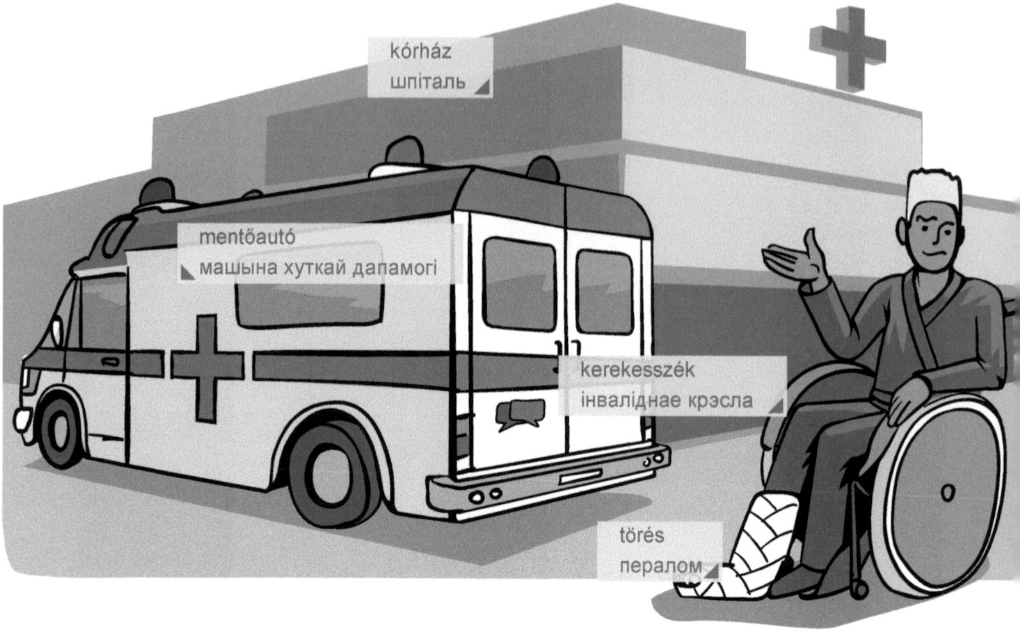

kórház
шпіталь
mentőautó
машына хуткай дапамогі
kerekesszék
інваліднае крэсла
törés
пералом

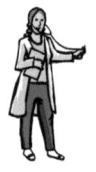

orvos

доктар

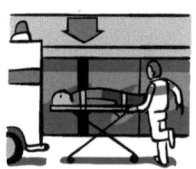

sürgősségi osztály

аддзяленне першай дапамогі

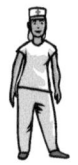

ápoló

медсястра

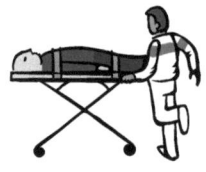

vészhelyzet

экстраная дапамога

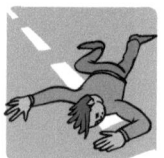

eszméletlen

непрытомны

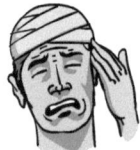

fájdalom

боль

sérülés

траўма

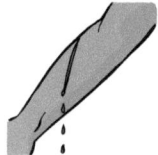

vérzés

крывацёк

szívroham

інфаркт

szélütés

апаплексія

allergia

алергія

köhögés

кашаль

láz

гарачка

influenza

грып

hasmenés

панос

fejfájás

галаўны боль

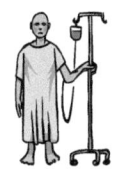

rák

рак

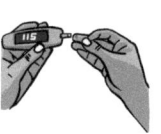

cukorbetegség

дыябет

sebész

хірург

szike

скальпель

műtét

аперацыя

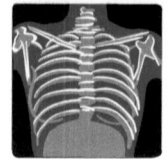
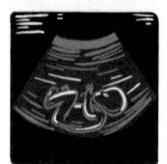

| CT | röntgen | ultrahang |
| КТ | рэнтген | ультрагук |

| arcmaszk | betegség | váróterem |
| маска | хвароба | пачакальня |

| mankó | sebtapasz | kötszer |
| мыліца | пластыр | бінт |

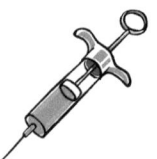
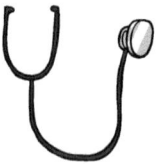
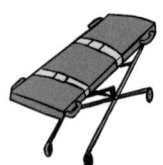

| injekció | sztetoszkóp | hordágy |
| ін'екцыя | стэтаскоп | насілкі |

| klinikai hőmérő | születés | túlsúly |
| градуснік | нараджэнне | лішняя вага |

hallókészülék

слухавы апарат

fertőtlenítőszer

дэзінфекцыйны сродак

fertőzés

інфекцыя

vírus

вірус

HIV/AIDS

ВІЧ/СНІД

orvosság

лекі

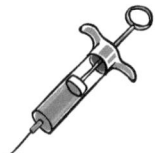

oltás

прышчэпка

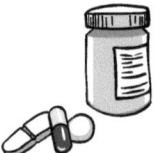

tabletták

таблеткі

tabletta

супрацьзачаткавая
таблетка

sürgősségi hívás

экстраны выклік

vérnyomásmérő

танометр

betegség / egészség

хворы / здаровы

Segítség!

Ратуйце!

riasztás

сігналізацыя

rajtaütés

напад

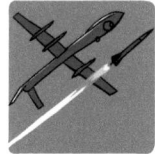

támadás

атака

veszély

небяспека

vészkijárat

аварыйны выхад

tűz!

Пажар!

tűzoltókészülék

вогнетушыцель

baleset

аварыя

elsősegélycsomag

аптэчка

SOS

СОС

rendőrség

паліцыя

Európa

Еўропа

Észak-Amerika

Паўночная Амерыка

Dél-Amerika

Паўднёвая Амерыка

Afrika

Афрыка

Ázsia

Азія

Ausztrália

Аўстралія

Atlanti-óceán

Атлантычны акіян

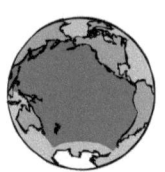

Csendes-óceán

Ціхі акіян

Indiai-óceán

Індыйскі акіян

Déli-óceán

Паўднёвы ледавіты акіян

Jeges-tenger

Паўночны ледавіты акіян

Északi-sark

Паўночны полюс

Déli-sark

Паўднёвы полюс

Antarktisz

Антарктыда

föld

Зямля

szárazföld

краіна

tenger

мора

sziget

востраў

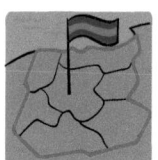

nemzet

нацыя

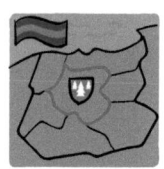

állam

дзяржава

számlap

цыферблат

kismutató

гадзінная стрэлка

nagymutató

хвілінная стрэлка

másodpercmutató

секундная стрэлка

Mennyi az idő?

Колькі часу?

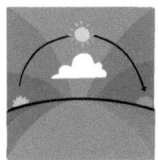

nap

дзень

idő

час

most

зараз

digitális óra

электронны гадзіннік

perc

хвіліна

óra

гадзіна

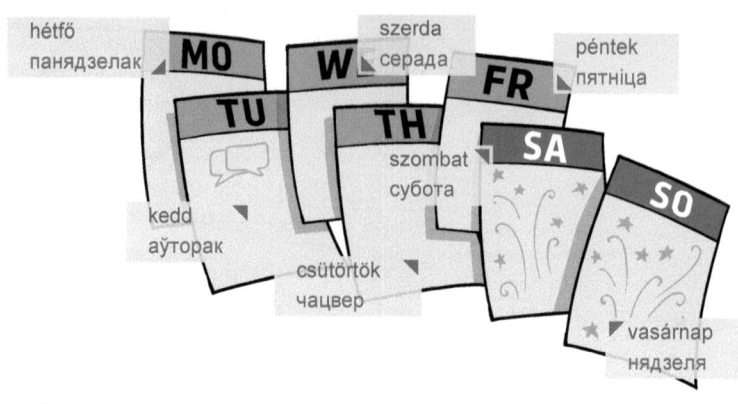

hétfő
панядзелак

szerda
серада

péntek
пятніца

kedd
аўторак

szombat
субота

csütörtök
чацвер

vasárnap
нядзеля

tegnap

ўчора

ma

сёння

holnap

заўтра

reggel

раніца

dél

абед

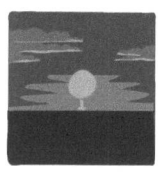

este

вечар

MO	TU	WE	TH	FR	SA	SU
1	2	3	4	5	6	7
8	9	10	11	12	13	14
15	16	17	18	19	20	21
22	23	24	25	26	27	28
29	30	31	1	2	3	4

hétköznap

працоўныя дні

MO	TU	WE	TH	FR	SA	SU
1	2	3	4	5	6	7
8	9	10	11	12	13	14
15	16	17	18	19	20	21
22	23	24	25	26	27	28
29	30	31	1	2	3	4

hétvége

выхадныя

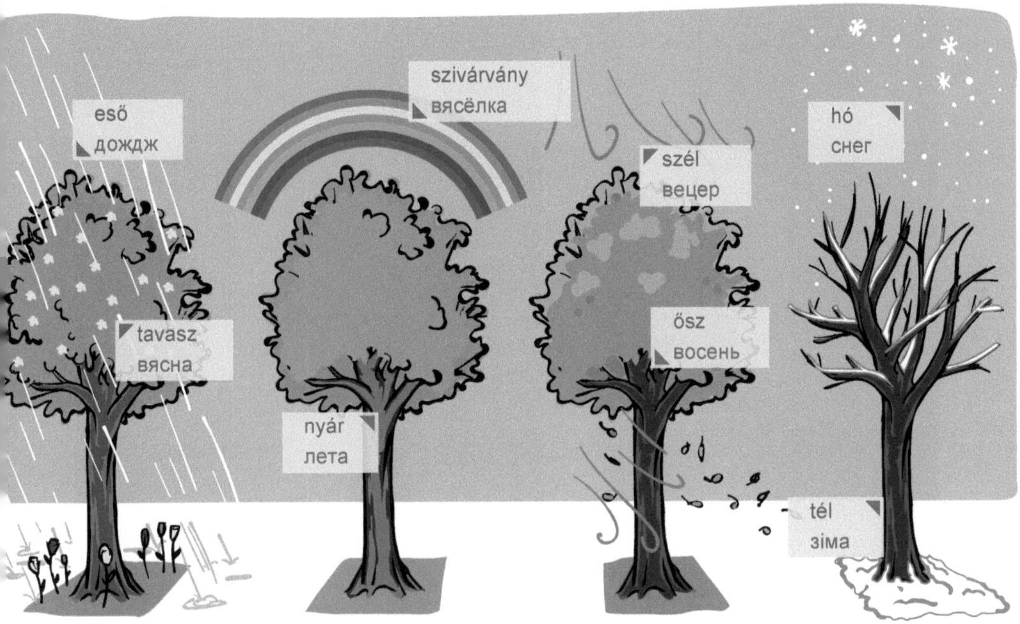

eső
дождж
szivárvány
вясёлка
hó
снег
szél
вецер
tavasz
вясна
ősz
восень
nyár
лета
tél
зіма

4.APRIL 11°
5.APRIL 4°
6.APRIL 13°
7.APRIL 8°
8.APRIL 10°

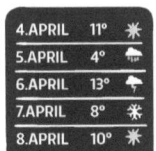

időjárás előrejelzés

прагноз надвор'я

F C
120 90 60 30 0 -30
40 30 20 10 0 -10 -20

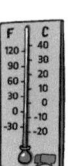

hőmérő

градуснік

napsütés

сонечнае святло

felhő

воблака

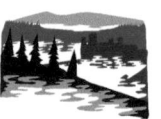

köd

туман

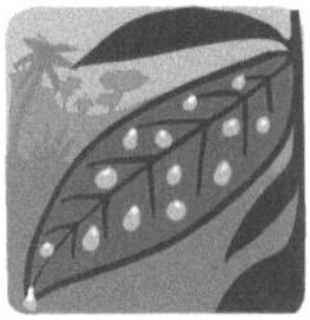

páratartalom

вільготнасць паветра

villámlás
маланка

mennydörgés
гром

vihar
бура

jégeső
град

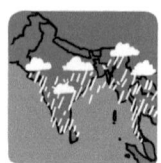

monszun
мусонны вецер

áradás
прыліў

jég
лёд

január
студзень

február
люты

március
сакавік

április
красавік

május
май

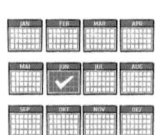

június
чэрвень

július
ліпень

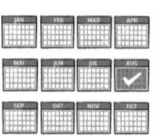

augusztus
жнівень

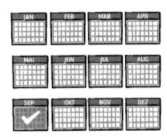

szeptember
....
верасень

október
....
кастрычнік

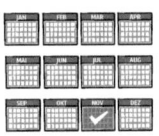

november
....
лістапад

december
....
снежань

alakzatok
формы

kör
....
круг

négyzet
....
квадрат

téglalap
....
прамавугольнік

háromszög
....
трохвугольнік

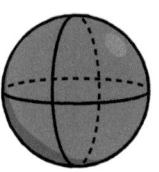

gömb
....
шар

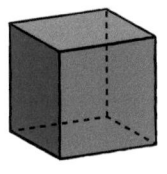

kocka
....
куб

fehér

белы

sárga

жоўты

narancs

аранжавы

rózsaszín

ружовы

piros

чырвоны

lila

фіялетавы

kék

сіні

zöld

зялёны

barna

карычневы

szürke

шэры

fekete

чорны

sok / kevés

шмат / мала

mérges / nyugodt

злы / добры

szép / csúnya

прыгожы / брыдкі

kezdet / vég

пачатак / канец

nagy / kicsi

высокі / малы

világos / sötét

светлы / цёмны

fivér / nővér

сястра / брат

tiszta / koszos

чысты / брудны

teljes / nem teljes

поўны / няпоўны

nappal / éjszaka

дзень / ноч

halott / élő

мёртвы / жывы

széles / keskeny

шырокі / вузкі

ehető / nem ehető

ядомы / неядомы

gonosz / kedves

злы / добры

izgatott / unott

узбуджаны / нудны

kövér / vékony

тоўсты / тонкі

első / utolsó

першы / апошні

barát / ellenség

сябар / вораг

teli / üres

поўны / пусты

kemény / puha

цвёрды / мяккі

nehéz / könnyű

важкі / лёгкі

éhség / szomjúság

голад / смага

betegség / egészség

хворы / здаровы

illegális / legális

нелегальны / легальны

intelligens / buta

разумны / дурны

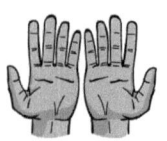

bal / jobb

левы / правы

közel / távol

побач / далёка

új / használt
овы / былы ва ўжыванні

semmi / valami
нічога / нешта

idős / fiatal
стары / малады

be / ki
укл / выкл

nyitva / zárva
адчынены / зачынены

csendes / hangos
ціхі / гучны

gazdag / szegény
багаты / бедны

helyes / helytelen
правільна / няправільна

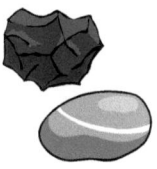

érdes / sima
шурпаты / гладкі

szomorú / vidám
сумны / шчаслівы

rövid / hosszú
кароткі / доўгі

lassú / gyors
павольны / хуткі

nedves / száraz
вільготны / сухі

meleg / hideg
цёплы / халаднаваты

háború / béke
вайна / мір

0	**1**	**2**
nulla	egy	kettö
нуль	адзін	два
3	**4**	**5**
három	négy	öt
тры	чатыры	пяць
6	**7**	**8**
hat	hét	nyolc
шэсць	сем	восем
9	**10**	**11**
kilenc	tíz	tizenegy
дзевяць	дзесяць	адзінаццаць

12
tizenkettő
дванаццаць

13
tizenhárom
трынаццаць

14
tizennégy
чатырнаццаць

15
tizenöt
пятнаццаць

16
tizenhat
шаснаццаць

17
tizenhét
сямнаццаць

18
tizennyolc
васямнаццаць

19
tizenkilenc
дзевятнаццаць

20
húsz
дваццаць

100
száz
сто

1.000
ezer
тысяча

1.000.000
millió
мільён

angol

англійская

amerikai angol

англійская (Амерыка)

mandarin kínai

кітайская мандарынская

hindi

хіндзі

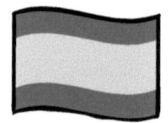

spanyol

іспанская

francia

французская

arab

арабская

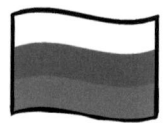

orosz

руская

portugál

партугальская

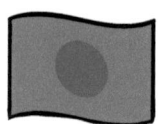

bengáli

бенгальская

német

нямецкая

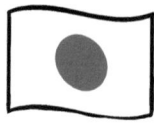

japán

японская

én
....
я

te
....
ты

ő
....
ён / яна / яно

mi
....
мы

ti
....
вы

ők
....
яны

ki?
....
хто?

mi?
....
што?

hogyan?
....
як?

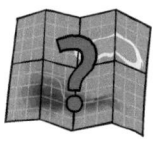

hol?
....
дзе?

mikor?
....
калі?

név
....
імя

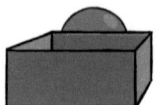

mögött

за

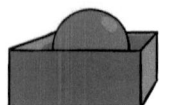

benne

у

elŏtte

перад

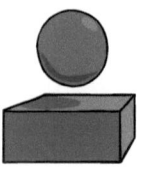

felette

над

rajta

на

alatta

пад

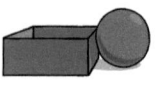

mellett

каля

között

паміж

hely

месца